W0355864

Baroneß Bibi

Simone Borowiak

Baroneß Bibi

Ein Schundroman für die gebildeten Stände

Eichborn.

Die Deutsche Bibliothek – CIP-Einheitsaufnahme

Borowiak, Simone:
Baroneß Bibi: ein Schundroman für gebildete Stände /
Simone Borowiak. – Frankfurt am Main: Eichborn, 1995
ISBN 3-8218-0329-0

© Vito von Eichborn GmbH & Co. Verlag KG, Frankfurt am Main,
September 1995
Umschlaggestaltung: Rüdiger Morgenweck unter Verwendung einer
Zeichnung von Simone Borowiak
Satz: Fuldaer Verlagsanstalt GmbH, 36003 Fulda
Druck und Bindung: Wiener Verlag, Himberg, Österreich
ISBN 3-8218-0329-0

Verlagsverzeichnis schickt gern:
Eichborn Verlag, Kaiserstraße 66, D-60329 Frankfurt am Main

Widmung:
Meiner Schwester Morten

Inhalt

Der rätselhafte Kohlenstaub

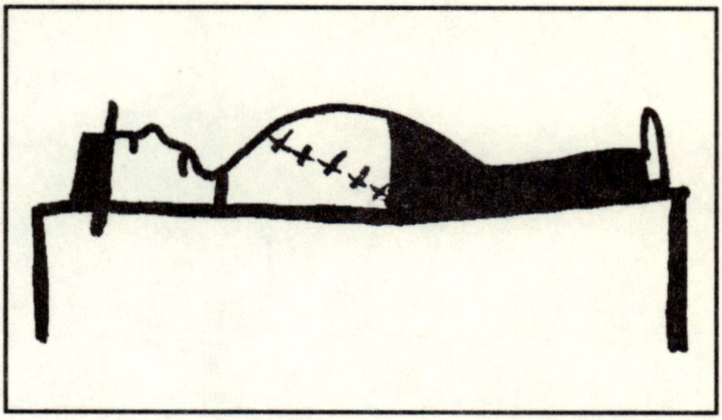

Ein herrlicher Morgen dämmerte herauf und überzog die exklusivste Wohnanlage der Stadt mit einem malvenfarbenen Schimmer. In diesem Augenblick meldeten die Frühnachrichten eine Sensation: Schon wieder war ein Kanzler ermordet worden. Das war nun der dritte pfälzische Kanzler in Folge.

Die Nachricht erreichte die junge Baroneß, als sie gerade die kleine Leselampe löschte und das Buch zuklappte, in dem sie gelesen hatte. Die Baroneß liebte es bisweilen, die Nächte nicht mit törichten Tanzveranstaltungen zu vertrödeln, sondern sich dem Sog eines guten Buches hinzugeben. »Was hätte ich davon«, dachte die Baroneß vergnügt, »was hätte ich davon gehabt, letzte Nacht schon wieder Discoqueen zu werden? Ist es nicht ungleich reizvoller, sich mit der verquollenen Sprache Heideggers zu beschäftigen?« Agil öffnete die für ihre 22 Jahre sehr rüstige Baroneß das Fenster und warf das

Buch im hohen Bogen hinaus. »Im Flug bucht das Buch einen Flug«, kicherte sie im heideggerischen Sinne, doch dann verengten sich ihre aquamarinblauen Augen zu Schlitzen. Die Sache mit dem Kanzler wollte ihr nicht aus dem Sinn. »Der dritte pfälzische Kanzler in Folge«, murmelte sie. »Man sollte etwas unternehmen.« Rasch war sie angekleidet. Sie schaute prüfend in den großen Kristall-Spiegel ihres eleganten Marmorbades. Da stand sie: schlank, aufregend, das Diadem funkelte tatendurstig in ihrem goldgelockten Haar – für einen Augenblick war die Baroneß sehr zufrieden mit sich. Selbst die durchwachte, durchlesene und von einigen Drinks begleitete Nacht zeitigte keinerlei Spuren. »Das ist der Schmelz der Jugend!« trällerte Bibi. »So, und nun nichts wie zu Professor Marquardt! Wir müssen in der Kanzlerangelegenheit endlich etwas unternehmen!«

Der Professor, ein hochgewachsener, besonnener Pathologe, bewohnte eine Suite unter der der Baroneß und war über den Kanzlermord bereits im Bilde. »Meine liebe Baroneß ...« begann er, denn er war der jungen Adeligen klandestin zugetan, »ich werde versuchen, eine Obduktionserlaubnis zu bekommen. Dann wissen wir mehr.« Bibi fiel dem Professor dankbar und spontan um den Hals, da schellte das Telefon. »Ja, hier Professor Marquardt?« Die sehnigen Züge des Pathologen spannten sich. »Ja, gerne, ich wollte Sie gerade selbst darum bitten. Nein, nein, ich bin sofort da. Bereiten Sie bitte alles Nötige vor, und legen Sie den Kanzler nackt auf meinen Seziertisch. Ich werden den Thorax öffnen, und dann sehen wir weiter. Auf Wiederhören.« Mit dem sicheren Instinkt des Pathologen kleidete Marquardt sich an. Die Baroneß stand – vor Ungeduld bereits auf- und abwippend – am Eingang des urigen Junggesellenappartements. »Auf, auf, Professor!« rief sie. »Wir haben keine Zeit zu verlieren! Sie sezieren mit dem Tod um die Wette!«

Mit ein paar eleganten Kreuzstichen nähte Marquardt den Kanzler wieder zu. Die Baroneß atmete heftig durch den Mundschutz. »Was ist los, Prof? Reden Sie!« Marquardt tupfte sich bedächtig mit einem Erfrischungstüchlein die Achselhöhlen aus. »Nun, wenn ich dies hier mit den Obduktionsberichten der anderen Kanzlerpathologen vergleiche, so ergibt sich eine Parallele: Jeder der Kanzler wurde erstochen. Und zwar mit einem langen, keilförmigen Gegenstand, an dessen Spitze sich Spuren von Kohlenstaub befanden.« Entschlossen nahm die Baroneß den

Mundschutz ab. »Professor, wir haben keine andere Wahl! Wir müssen sofort unseren besten Informanten kontaktieren! Wir müssen ins *Chez Luigi's*! Auch wenn Luigi die übelste Küche der Stadt führt!« Der Gelehrte erbleichte, doch dann gab er sich einen Ruck. »Gut! Gehen wir zu Luigi!«

Dunstabzugshaube des Grauens

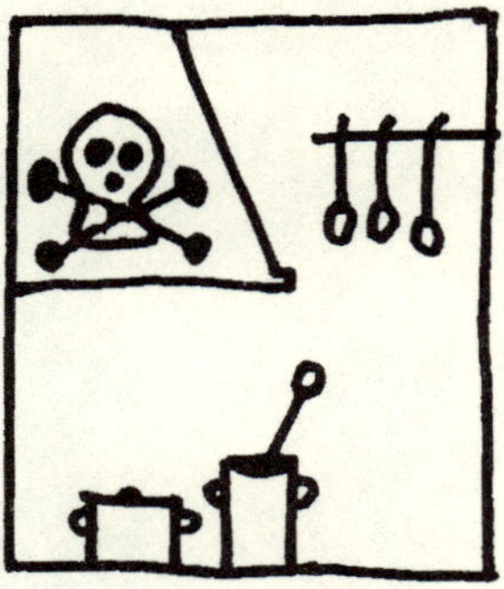

Unruhig ging die blutjunge Adelige in ihrem charmant möblierten Appartement auf und ab. Seufzend sah sie auf die Uhr: Luigi, Informant und Küchenchef des *Chez Luigi's* in Personalunion, würde erst in einer Stunde sein Lokal öffnen. Wieder sah sie auf die geschmackvolle herzförmige Armbanduhr. »Ich könnte derweil noch etwas einholen! Ich habe ja kaum noch etwas im Hause!« fuhr es ihr patent durch den wohlgeformten Kopf.

Eilig schritt die sportliche Adelige auf den handgepflasterten Fußwegen der exklusiven Wohnanlage fürbaß und betrat ein kleines Geschäft. Der Besitzer, Herr Ziepert, begrüßte sie überschwenglich. Das war nicht verwunderlich, denn trotz seiner schamlosen Preise zählte die Baroneß zu den besten Kunden Zieperts. »Was soll's«, dachte Bibi, als Ziepert ihr unter Bücklingen und Handküssen den kleinen Weidenkorb mit dem Nötigsten füllte, »was soll's, ich muß wegen meines entsetzlichen Reichtums ja Gott sei Dank den Pfennig nicht dreimal umdrehen.« Ziepert überschlug rasch: »3 Champagner, 1 kaltes Huhn und 1 Hanuta, voila, das macht 389, 50 – gnä' Frau.« Die kalten Augen des Einzelhändlers blitzten gierig hinter der dicken Brille. »Haben Sie schon gehört? Luigi vom *Chez Luigi's* wurde ermordet!« Der Baroneß stockte das blaue Blut. »Wann ist das geschehen?« stieß sie hervor. »Vor einer halben Stunde«, bemerkte der Einzelhändler eher beiläufig. Die Baroneß warf dem hündisch dienernden Ziepert einen 500-Mark-Schein hin. »Stimmt so!« rief sie und stob davon. Luigi – tot! Sie mußte sofort mit Marquardt den Tatort inspizieren!

Bibi musterte die kleine Küche des *Chez Luigi's*. »Kaum zu glauben, daß er hier heute Bifteki zubereitet hat«, murmelte sie ergriffen. »Sehen Sie doch: Da liegt sogar ein Scampispieß an Brokkoli!« Der Kommissar, ein hünenhafter Mann, erkannte das Duo sofort: »O, schön, daß Sie da sind. Ich muß nämlich gestehen, ich bin mit meinem Latein am Ende.« »Wie kam er zu Tode?« fragte Marquardt knapp und beugte sich über die Leiche Luigis, die reglos neben dem Herd lag. »Nun«, räusperte sich der Beamte, »das wissen wir noch nicht. Drum haben wir ihn vorsichtshalber hier liegen lassen.« Des Professors Gesicht belebte sich: »Baroneß, gehen Sie in mein uriges Junggesellenappartement, und bringen Sie mir mein Sezierbesteck!«

Marquardt atmete tief aus und verschloß Luigis Kochjacke. »Was haben Sie gefunden, Prof?« fragte fiebernd der Beamte. »Nun, es handelt sich um eine Intoxikation.« Der Professor sah durch das kleine verklebte Fliegengitter ins Freie. »Er hat zuviel Bratensoße eingeatmet. Das hat seine Lunge nicht mitgemacht. Es kam zu einer Bratensoßenembolie.«

Die schöne Baroneß sah sich kombinierend um. Mit einem Griff hatte sie den braunen Fettfilter der Abzugshaube entfernt. »Rasch, Kommissar, klettern Sie in den Schacht! Vielleicht finden Sie etwas!« Der hünenhafte Beamte kam sofort der Aufforderung nach und rief schrill: »Bingo! Jemand hat den Schacht mit einer Bratensoßenmasse ausgekleidet!« Die Baroneß kam in Fahrt:

»Natürlich! Der Mörder muß gewußt haben, daß Luigi den Küchendunst oft mit Hilfe der Haube absaugt. Also hat er einfach die Luftpole vertauscht und die Soßenwürfel appliziert. Und als Luigi glaubte, der Dunst würde abgesaugt, blies ihm die Haube statt dessen ... « Marquardt erbleichte: »Diese Methode wurde erst neulich in einem Bordell angewandt! Bibi, wir müssen im Milieu recherchieren!«

Baroneß Bibi im Rotlichtmilieu

Bibi streifte rasch das niedliche Silberlamé-Cape über und folgte dem tatendurstigen Pathologen. Die Rotlichtmeile der Stadt sah noch schlimmer aus, als sie es befürchtet hatten: Die »Anwohner« hatten ihren Hausmüll einfach auf die Straße geworfen, Drogensüchtige lehnten an Laternen, ein Mann mit Augenklappe stach einer minderjährigen Prostituierten ein Messer in den Rücken. Die Baroneß wandte sich angewidert ab. Zwei Lepröse stritten sich um eine Brotrinde, verhärmte Kinder streckten die Hände aus und versuchten, das silberne Cape der Baroneß zu berühren. »Die armen Würmchen«, murmelte Bibi, »haben noch nie in ihrem Leben eine Silberlamé-Cape gesehen. Was für menschenunwürdige Zustände!« Und sie steckte den Kleinen ein Zweimarkstück zu. Professor Marquardt schien sehr angespannt. »Ich bereue inzwischen, Sie mit hierher genommen zu haben. Es ist doch schlimmer, als ich dachte.«

Wegen der starken Verschmutzung der holprigen Straßen kamen sie nur langsam voran, und es schien eine Ewigkeit zu dauern, bis Bibi endlich ausrief: »Aha, Dreierbob-Straße 15! Wir sind am Ziel!« Vorsichtig kletterten die beiden auf einer vibrierenden Wendeltreppe in die vierte Etage. Im Stiegenhaus roch es unerträglich nach Kohl und kalten Bauern. »Ein Sündenpfuhl!« wisperte Bibi empört. Sogar dem Pathologen schnürte es die Kehle zu: »Dieser Sperma-Geruch ist ungeheuerlich!« Vor einer abblätternden Tür machten sie halt. Ein verwischtes Schild wies die Wohnung als Behausung von »Lola, 3 mal schellen« aus. Marquardt betätigte dreimal die Klingel. Eine Nachbartür öffnete sich und gab den Blick auf einen untersetzten, aufgedunsenen Mann frei. Instinktiv wich die Baroneß zurück. Der unappetitliche Bursche kratzte sich am Skrotum und starrte den Pathologen aus blutunterlaufenen Augen an. »Meine Frau is net dahaam!« brüllte er in einem furchterregenden hessischen Idiom. Hinter ihm tauchte eine völlig unbekleidete Blondine auf, die mißmutig auf einem Zahnstocher herumkaute. Sie schaute erst neiderfüllt auf das Cape der Baroneß, dann abschätzig auf den Pathologen. »Was will der Akademiker hier?« fragte sie aufsässig. Marquardt streckte sich zornig. »Das hat Sie nicht zu interessieren, gute Frau! Und überhaupt! Ziehen Sie sich erstmal einen

Schlüpfer über, bevor sie mit mir reden! Und was Ihre Frau angeht, mein werter Herr Lola...« Der unappetitliche Mann brüllte sofort: »Ich sachs nochemal! Mei Fraa is net dahaam! Die hat 'ne Stelle beim Film bekomme! Die is' jetzt Statist!« Die Baroneß wiegte bedenklich den aparten Kopf. »In Unterweltkreisen erzählte man uns, daß Ihre Frau über alle akuten Straftaten in dieser Stadt wohlunterrichtet sei.« Der widerwärtige Herr Lola antwortete mit einem Blick, der das Gelbe, nahezu Leberkranke in seinen Augen nur unterstrich: »Die weiß immä alles, mei Fraa. Awwä jetzt isse beim Film!« Marquardt richtete sich brüsk auf: »In welchem Streifen wirkt sie mit?!« Der überbordend feiste Herr Lola packte die Blondine, die sich inzwischen tatsächlich einen Schlüpfer übergezogen hatte, um die Taille: »Es handelt sisch um was Experimentelles. Der Film heißt: ›Herz, Rasen. Kopf, Sprünge.‹ Un mei Fraa macht dadrin 'ne Schlampe. Was aach sonst.« Und er zwickte der Blondine lüstern in die Hüfte. Der Professor straffte sich: »Meine liebe Baroneß!« wandte er sich ruhig, aber bestimmt an die junge Adelige. »Verlassen wir diesen Ort der offensichtlichen Promiskuität, und recherchieren wir auf dem interessanten Gebiet der Kinematographie!« Die blutjunge Baroneß, deren feingeschnittenes Gesicht sich im Zuge der vorangegangenen Konversation vor Zorn leicht gerötet hatte, schlug

sofort in des Professors dargebotene Rechte ein.
»Gut! Suchen wir Frau Lola im Studio auf. Sie wird uns einiges erklären müssen!«

Der Tod kam aus der Lederhose

Der bullige Pförtner stand wie ein Cherub vor dem pompösen Portal des Studios. Selbst der Pathologen-Paß des Professors schien den mürrischen Mittfünfziger nicht zu beeindrucken. »Hammse keenen Passierschein, Männeken?« herrschte er frech den Akademiker an. »Ohne Passierschein is nischt!« bedeutete er den beiden in der garstigen Art des Berliners. Die Baroneß bebte vor Wut, und ihr Diadem klirrte leise, was sie nur noch begehrenswerter zu machen schien. »Kommen Sie, Prof!« rief sie. »Dieser Ignorant kann uns nicht aufhalten!« Und beherzt zog die junge Frau den Pathologen zu einem Seiteneingang der Studios. »Sehen Sie dieses Schild?« frug sie – nun wieder gefaßt – und deutete auf eine Pappe mit der Aufschrift »Statisten gesucht«. Der Professor hatte sofort begriffen. »Natürlich, meine Liebe!« rief er aus. »Nun denn, bewerben wir uns!«

Im kleinen Statistenbüro wurde ihnen unverzüglich je ein Briefumschlag ausgehändigt. »Darin befinden sich genaue Anweisungen, was Sie zu tun haben.« Baroneß Bibi erbrach das Siegel ihres Kuverts. »Juchhu!« jubelte die Adelige ungestüm. »Juchhu, ich wirke in einem Heimatfilm mit! Ich stürze in eine Schankstube hinein und rufe in bayerischem Idiom aus: ›Das Rehkitz! So tut doch was, Buam!‹« Der Professor starrte fassungslos auf sein Briefchen. »Ich bin tatsächlich in der gleichen Produktion wie Frau Lola.« Der Baroneß entfuhr ein spitzer Schrei. »Leider ist es ein Experimentalfilm. Meine Aufgabe: Ich muß pudelnackt und nur mit einem Tirolerhut bekleidet eine Eisdiele durchqueren und dabei den Hitlergruß entbieten!« Traurig zerknüllte der sonst so forsche Mann das Papier. »Nicht, daß ich Bedenken wegen des Adamskostüms hätte – meines durchtrainierten Körpers brauche ich mich nicht zu schämen. Allein – der Hitlergruß wird mir schwerfallen, ich bin doch seit Jahren linksliberal.« Die Baroneß legte dem Professor aufmunternd die Hand auf den Arm: »Tun Sie's um der Lösung des Falles willen! Sie werden mit Lola sprechen und dann ...« Die Adelige schaute mit einem Blick, in dem Trauer und freiheitlich-demokratisches Empfinden zu verschmelzen schienen, in die Ferne. »... und dann wird es ein Ende haben mit den schändlichen Kanzlermorden!«

Frierend ging Marquardt im Studio auf und ab. Alle am Set warteten nur noch auf Frau Lola. »Dieses Warten!« seufzte der Mediziner und wärmte seine Genitalien mit dem Tirolerhut. »Rasch! In den Vorführraum!« gellte plötzlich ein Schrei durchs Studio. Als Marquardt den Tatort betrat, kam für Lola jede Hilfe zu spät. Gekrümmt lag sie in dem flimmernden Licht eines abstoßenden Softpornos. Sofort hatte der Mediziner die Lage erfaßt: »Furchtbar! Man hat sie in den Raum eingeschlossen und in Endlosschleife Lederhosenfilme vorgeführt. Das hält kein Mensch lange aus. Sehen Sie sich ihren Gesichtsausdruck an. Kein Zweifel: Sie hat sich zu Tode geekelt!« Der Äskulapjünger ballte die Fäuste: »Jetzt rollen wir den Fall von ganz unten auf! Geben Sie mir eine Liste aller Personen, die heute Zugang zu diesem Studio hatten!« Murrend kam der Aufnahmeleiter der professoralen Forderung nach. »Hier, bitte. Wir arbeiten hauptsächlich mit Studenten. Die sind billiger.« Angewidert von dieser ausbeuterischen Geisteshaltung nahm Marquardt die hastig hingekritzelte Liste entgegen. »Nun, schauen wir uns einmal auf dem Campus um. Ich freue mich schon darauf, mal wieder eine Alma Mater von innen zu sehen!«

Die Todes-Mensa von Berlin

Ein strenger Wind fegte über den Campus, und Baroneß Bibi fröstelte in ihrem schicken Bafög-Ensemble, das sie sich extra für diesen Tag hatte anfertigen lassen. Energisch sah sich Professor Marquardt auf dem heruntergekommenen Platz um: »Hm, für eine Hochburg der Wissenschaft möchte man diesen Ort nicht gerade halten!« Bibi nickte zustimmend und betrachtete zwei Studenten, die sich mit glasigen Augen torkelnd den Weg durch den kleinen Flohmarkt bahnten, dessen windschiefe Buden das Bild bestimmten. »Man möchte sich eher in der Kasba wähnen«, murmelte sie. »Da! Professor! Sehen Sie doch! Diese beiden jungen Menschen sind ganz offensichtlich angetrunken!« Ein wehmütiger Glanz trat in die großen, braunen Augen des sensiblen Gelehrten: »Zu meiner Zeit hat es so etwas nicht gegeben! Ein Studium unter Alkoholeinfluß! Abscheulich!« Und entschlossen zog sich Marquardt den Doktorhut tiefer ins

Gesicht. »Schauen wir uns dieses liederliche Völkchen einmal näher an.«

Als sie die Tür zur Mensa öffneten, prallte die Baroneß zurück. »Himmel!« rief sie erschrocken aus. »Was ist das für ein Verwesungsbrodem!?« Ein untersetzter Student schlug der jungen Adeligen auf die Schulter. »Det is Stammessen III, Baby! Wirsingwickel uff Prinzeßbohnen.« Beschützend schob sich Marquardt zwischen den angetrunkenen Mann und die zierliche Bibi. »Lassen Sie das!« herrschte er mit seinem klangvollen Baßbariton den schamlosen Liederjahn an. »Und sagen Sie nicht noch einmal ›Baby‹ zu der Dame!« Der Bursche richtete seine blutunterlaufenen Augen auf den Professor. »Ay, Alter! Ich jlobe, Du hastse nich mehr alle!« Der Akademiker, der ein Faible für gepflegte Umgangsformen hatte, richtete sich vor dem groben Kerl stattlich auf: »Sie sind ja betrunken, Mann! Nehmen Sie erst mal eine Mütze voll Schlaf! Wie führen Sie sich überhaupt auf! Wenn Sie schon keinen Respekt vor Damen haben, so sollte Sie doch zumindest mein Doktorhut zur Raison bringen!« Diese markigen Worte verfehlten nicht ihre Wirkung.

Wie ein geprügelter Hund verließ der Jungakademiker die Mensa. Marquardt sah ihm kopfschüttelnd nach: »Und so etwas hat die Hochschulreife! Ich bin entsetzt!«

Die Baroneß hatte sich rasch von dem Schrecken erholt und zog nun die Namensliste aus dem neckischen Kroko-Tornister, den sie speziell für den Universitätsbesuch gekauft hatte und der ihre Jugendlichkeit noch zu betonen schien. Der Professor betrachtete die 22jährige gerührt: »Eigentlich ist sie noch ein junges Mädchen«, schoß es ihm verantwortungsbewußt durch den Kopf. »Vielleicht war es falsch, sie an dieser ganzen scheußlichen Geschichte teilhaben zu lassen. Doch mag ich das Leuchten in ihren Augen nicht missen, das aufscheint, wann immer wir eine neue Spur oder eine neue Leiche finden.«

Bibi entfaltete die Liste und studierte die Namen mit leicht gerunzelter Stirn. »Hm. Wir suchen einen gewissen Stefan Reinhard, Student der Soziologie. Und dann ist da noch Hauke Jansen-Posauke, auch er Soziologiestudent.« Nachdenklich musterte Marquardt die anwesenden Studenten. Tischmanieren schienen in diesen Kreisen keine große Rolle zu spielen. An den zerschrammten Resopaltischen löffelten die Gerlumpten Gestalten mit schmatzenden Geräuschen ihre Stammessen aus den Emaille-Näpfen. Überall boten sich bauchige Bierfässer dar, aus denen sich der akademische Nachwuchs denn auch fleißig bediente. Hie und da war ein Student über Tische eingeschlafen; am Eingang übergab sich ein junger Mann auf seine Nachbarin. Marquardt verzog das Gesicht: »Schrecklich. Sie vomieren sogar auf ihre Kommilitonen. Sehen wir zu, daß wir die Sache rasch über die Bühne bringen. Sagten Sie Hauke Jansen-Posauke? Hm. Ein sehr nordischer Name.«

An der fleckigen Essensausgabe schoben gerade zwei rotgesichtige Studenten ihre Näpfe auf ein Tablett. Einer der beiden Bacchusfreunde war ein hochgewachsener Blondschopf, der einen Shanty summte. Auch sein schlingernder Gang wies ihn als Norddeutschen aus. Sofort stand Bibi neben ihm. »Hauke Jansen-Posauke, vermute ich?« Sie deutete auf den Begleiter des die Frage Bejahenden. »Dann sind Sie sicher Stefan Reinhard? Wir möchten Ihnen ein paar Fragen stellen.«

Die vier nahmen an einem der schmutzigen Tische Platz. Die anderen – Soziologiestudenten zumeist – musterten die Baroneß feindselig, als sie die Sitzfläche ihres Stuhls kurz mit einem Batisttüchlein reinigte. Jansen-Posauke und Reinhard stürzten sich gierig auf ihr Stammessen II, und Marquardt begann mit der Befragung: »Haben Sie im Studio etwas bemerkt?« Die beiden Freunde stierten mit verquollenen Augen auf das Resopal und schienen nachzudenken. Plötzlich krümmte sich Jansen wie unter starken Schmerzen. Auch Reinhard erbleichte, beide zuckten konvulsisch und fielen stöhnend vornüber. Ihre Kommilitonen schrien entsetzt auf. Geistesgegenwärtig riegelte Bibi sofort die Mensa ab, während der Professor mit sehr ernster Miene eine Blitz-Obduktion vornahm. »Jemand hat ihr Stammessen vergiftet«, erklärte der Äskulapjünger mit gepreßter Stimme. »Eine Überdosis Glutamat!«

Bibi sprach gerade der Freundin Reinhards Trost zu, die nach Soziologenart in Tränen ausgebrochen war. »Sie müssen das positiv sehen!« Bibis melodische Stimme vibrierte vor Mitleid. »Alles ist ambivalent, hat zwei Seiten. Sehen Sie: Die beiden leben zwar nicht mehr, aber dafür sind jetzt wieder zwei Studienplätze freigeworden. Das ist doch auch etwas, oder?« Dankbar schneuzte sich das derart getröstete Erstsemester in das von Bibi dargebotene Batisttüchlein. Marquardt hatte mit feuchten Augen diese anrührende Szene mitverfolgt. Dann riß er sich zusammen und sagte leise zu seiner bildhübschen Kombattantin: »Wir sind auf der richtigen Spur! Die Liste aus dem Studio wird uns zu dem feigen Mörder führen! Aber machen wir für heute erst mal Schluß! Ich könnte jetzt einen Drink vertragen!« Bibi nickte zustimmend. »Ja, gegen einen Gin-Fizz hätte auch ich jetzt nichts einzuwenden. Vertagen wir diese schlimme Geschichte auf morgen.«

Behördenbesuch des Grauens

Als die ersten Sonnenstrahlen durch die putzigen Laura-Ashley-Stores schimmerten, streckte sich Bibi und löschte die kleine Leselampe. Sie schloß das Buch, mit dem sie die Nacht verbracht hatte. »Hm«, analysierte sie das soeben Gelesene. »Das war ja nun recht nett. Nur eines habe ich nicht verstanden: Warum trägt das Buch den Titel ›Mein Jahr in der Niemandsbucht‹? Ich werde Peter bei Gelegenheit fragen müssen.«

Eine kleine Weise trällernd kleidete sich die Adelige an. Da schellte es an der Türe. Instinktiv entsicherte die junge Frau ihren kleinen Lady-Browning, den sie stets in ihrem Lady-Kit zwischen ihrem Reserve-Diadem und dem Lady-Shave aufbewahrte. Drahtig näherte sie sich der Wohnungstür. »Wer ist da?« frug sie mit ihrem schönen Sopran. Ein sonorer Baßbariton antwortete: »Professor Marquardt, der berühmte Pathologe!« Schmunzelnd öffnete Bibi die

Tür. »Na, Sie können einen ja ganz schön erschrecken, Prof!« witzelte sie. Der Professor blieb ernst, obwohl er die Baroneß und ihren Esprit verehrte. »Meine Liebe, ich habe die Liste noch mal durchgesehen. Ein weiterer möglicher Zeuge, der sich zum Zeitpunkt der ruchlosen Tat im Studio befand, ist der Musikstudent Wolfgang Hessler. Und wie es scheint, hat er sich aus Deutschland abgesetzt!« Bibi atmete scharf aus. »Aha! Diesen ›Musikus‹ sollten wir uns einmal näher ansehen. Wo befindet er sich zur Zeit?« Marquardt nahm an dem zierlichen Brunch-Tisch Platz und biß in eine Brioche. »Nun, seine Hochschule sagte mir, er sei auf Konzertreise. Mit dem Hochschulorchester.« Die Baroneß lachte höhnisch: »Das wird schon so eine ›Konzertreise‹ sein!« Doch Marquardt blieb seriös. »Nein, nein. Es handelt sich in der Tat um ein echtes Konzert. Hessler bedient das Fagott.« Die Baroneß ging sofort zu ihrem begehbaren Kleiderschrank und entnahm ihm das schwarze Samtkleid mit der duftigen, drei Meter langen Schleppe. »Gut. Besuchen wir heute abend also ein Konzert.« Marquardt strich entschlossen über die Ärmel seines Smokings, in dem er noch stattlicher und anziehender wirkte als sonst schon. Bibi musterte aus den Augenwinkeln den attraktiven Akademiker. »Was ist nur mit mir los?« fuhr es der jungen Frau wie von ungefähr durch den Kopf. »Wir haben ein paar schreckliche Morde aufzuklären, und ich... ich...« Schamerfüllt wagte sie nicht, ihren Gedankengang zu vollenden, und brach nach dem zweiten »... ich« ab. Sie straffte sich. »Und wohin geht die Reise?« frug sie mit fester Stimme. Der Professor winkte neckisch mit zwei Tickets: »Nach Venedig!« Die Baroneß errötete anmutig. »Dorthin fahren doch gemeinhin ausschließlich Frischvermählte!« stieß sie hervor. Nun legte sich auch auf des Professors Gesicht eine markante Röte. »Ich habe mich beim Fremdenverkehrsamt erkundigt: Wenn man nicht beruflich in Venedig zu tun hat, muß man zur Einreise tatsächlich einen Trauschein vorlegen, der nicht älter als drei Monate sein darf.« Die Augen der Baroneß funkelten rubin. »Und... können wir sie... irgendwie umgehen, diese Bestimmung?« Sie rang verlegen die Hände. »Nun«, stammelte Marquardt, der sich – nun ebenfalls verlegen – am Skrotum kratzte, »ich habe da etwas arrangiert. Mein alter Freund Hans-Heinrich arbeitet beim Standesamt. Ich habe ihn heute früh angerufen. Wenn Sie nichts dagegen haben, können wir uns, bevor unser Zug geht, rasch verehelichen lassen.« Der Baroneß entfuhr ein spitzer Schrei. Marquardt hob beschwichtigend die Hände: »Wir müssen die Ehe ja nicht vollziehen, liebe Baroneß! Es dient doch nur der Aufklärung der scheußlichen Morde! Und ich bin nicht der

Mann, der, nun, äh, Situationen ausnutzt!« Marquardt schien es also tatsächlich nur um die Aufklärung der Verbrechen zu gehen. So antwortete die Baroneß – vor Enttäuschung etwas zu munter –: »Also los! Lassen wir uns trauen! Wenn es der Wahrheitsfindung dient!« Marquardt seinerseits ließ sich ebenfalls die Enttäuschung nicht anmerken. Er hatte eigentlich insgeheim gehofft, daß ihre Zuneigung der seinen reziprok sei. Doch offensichtlich hatte er sich getäuscht. Und er wandte sich ab, während die Baroneß ihr Hochzeitskleid, einen knappen weißen Breitcord-Mini, anlegte.

Auf dem Standesamt waren die beiden das mit Abstand stattlichste Paar. Dies war auch keine sonderliche Leistung, denn den Männern und Frauen, die in prächtigen weißen Brautkleidern und schwarzen Anzügen auf dem Flur herumlungerten, stand die Verbitterung ins Gesicht geschrieben. Eine der Bräute verlor plötzlich die Contenance. Sie stürzte sich auf eine geschlossene Türe und trommelte mit den Fäusten dagegen. »Wie lange sollen wir hier noch warten!« schrie sie in unangenehm schrillem Diskant. »Jetzt hocken wir hier schon achtundvierzig Stunden! Ihr Behördenschweine!« Der dazugehörige Bräutigam versuchte, seine Zukünftige zu besänftigen, aber auch er hielt mit seiner Meinung nicht hinter dem berühmten Berg: »Laß doch, Gabi! Beruhige Dich! Diese Beamtenbrut kannst Du damit nicht beeindrucken!« Ein anderer, bemerkenswert verschwitzter Bräutigem knetete entnervt seinen Kummerbund. »Sicher, es ist ein Skandal. Aber immer noch besser als auf der Kfz-Zulassungsstelle.«

Dies war nur ein schwacher Trost für die Wartenden. Offensichtlich lagen die Nerven aller Brautpaare blank, denn erste Streitgespräche kamen auf. Eine hochgewachsene, blonde Braut gar wurde von ihrem zukünftigen Gemahl geohrfeigt. »Da hast Du einen Vorgeschmack!« brüllte der derbe Gesell, während die arme Frau unter ihrem nunmehr verrutschten Schleier stumm weinte. »Entsetzlich!« wisperte Bibi. »Nun«, räusperte sich Marquardt, »hier haben wir einige gesellschaftliche Institutionen quasi focussiert vor uns: die Bürokratie, den Beamtenapparat und die Ehe. Wenn dieser Wangenstreich eben mal keine Initialzündung war.« Der Professor behielt wie immer recht: Die entnervten Männer machten, von der Backpfeife ihres Geschlechtsgenossen angefeuert, ihrem Unmut Luft und traktierten nun ihre Bräute und Schwiegermütter unverhohlen mit derben Schlägen und Tritten. Marquardt schritt erst ein, als ein tobender Bräutigam zwei kleine Blumenmädchen zu würgen versuchte. »Lassen Sie das!« befahl er markig. »Das können Sie mit Ihrer Frau machen! Aber nicht mit zwei kleinen unschuldigen Kindern!« Beschämt ließ der Rüpel von den schreienden Mädchen ab. Im gleichen Augenblick öffnete sich eine Tür, und ein bulliger Mann mit blutunterlaufenen Augen trat auf den Flur. Bar jeder Anteilnahme sah er auf eine Aktennotiz und rief: »Die Nächsten bitte! Und zwar: Professor Luitpold Marquardt und Baroneß Bibi von Schwartau-Blankenese!« Ein empörtes Raunen ging durch die wartende Schar, als das stattliche Paar im Zimmer des Beamten verschwand. »Diese Großkopferten!« wurde gemurrt. »Das ist doch alles Vitamin B!« schrie eine Schwiegermutter. Und, zu ihrer Tochter gewandt und mit dem Finger auf den zukünftigen Schwiegersohn weisend: »Warum willst Du diesen Schlappschwanz heiraten! Warum keinen Professor oder Baron!« Diese Einlassung rief erneut Tumulte und Ausschreitungen hervor.

Währenddessen saßen Bibi und Marquardt ihrem Sachbearbeiter gegenüber, der nach Beamtenart ein kleines Nickerchen hielt. Der Professor räusperte sich: »Guter Mann, in drei Stunden geht unser Zug nach Venedig.« Der Staatsdiener öffnete die Augen und starrte auf ein Leberwurstbrot, das vor ihm auf dem Tisch lag und in dem sich bereits kleine Maden räkelten. »Hörnse mal ... « hub er an, »eine alte Frau ist kein D-Zug!« Und wieder schloß er die Augen. Marquardt spürte, wie sich seine Hände zu Fäusten ballten. Doch er beherrschte sich: »Worauf warten wir eigentlich?« frug er mit ruhiger Stimme. »Auf besseres Wetter!« antwortete frech der Beamte. Da gab es für die Baroneß kein Halten mehr: »Sie unerträglicher Bagalut! Geben Sie mir den Namen Ihres Vorgesetzten!« Sofort wurde der Beamte kleinlaut und begann unter servilen Kotaus die beiden zu trauen. Als Trauzeugen hatte das Paar einen Nachbarn, den berühmten Rechtsanwalt Dr. König, gewinnen können. Obwohl nunmehr unterwürfig, wollte der Beamte dennoch etwas einwenden: »Aber für eine Trauung braucht man zwei Zeugen!« Doch da hatte er die Rechnung ohne König gemacht. Der dicke Advokat trat drohend an den Staatsdiener heran: »Hören Sie mir mal gut zu, Freundchen! Ich bin zwei Personen! Eine private und eine juristische! Also trauen Sie die beiden jetzt zackzack, oder ich werde Sie mit einer Prozeßlawine überziehen!«

Als sie vor die Tür traten, sog Marquardt gierig die frische Luft in die Lungenflügel. »Ich sage Ihnen eines, Bibi: Auch das Beamtentum ist ein Verbrechen gegen die Menschlichkeit. A 13 netto ist ein schleichendes Gift, das seine Opfer lähmt und korrumpiert. Dabei habe ich noch nicht mal das Finanzamt erwähnt!« Und die Baroneß grübelte – obwohl frisch getraut – über die gesellschaftskritische Dimension dieser, des Professors, Äußerung nach, während der dicke Anwalt König mit einem Haps eines der Hochzeitstörtchen verschlang, die von Händlern vor dem Standesamt feilgeboten wurden.

Das vergiftete Fagott

»...Erkläre ich Sie hiermit für Mann und Frau!« waren die letzten Worte des Standesbeamten gewesen, und sie klangen der Baroneß noch in den Ohren, als sie mit dem Zug bereits den Brenner überquerten. Luitpold! Luitpold hieß er also. Das hatte sie nicht gewußt. Und nun saß sie neben diesem attraktiven Mann im Bordtreff und war dem Gesetz nach seine Gemahlin. Auch der Professor schien ein wenig verlegen, denn er ließ sich noch einen weiteren Underberg bringen; das war nun schon der fünfzehnte. Mit zitternder Hand entfernte der Gelehrte das braune Papier und warf den Kopf zurück, um das Getränk direkt aus dem Fläschchen zu sich zu nehmen. Er fühlte sich nicht sehr wohl in seiner Haut, und quälende Zweifel marterten sein wohlgeformtes Hirn. Hatte ihn dieses berückende Geschöpf tatsächlich nur um der Klärung des Falles willen geheiratet? Nur, um eine Einreisegenehmigung nach Venedig zu erhalten? Oder war da mehr? Zuneigung – sicherlich. Aber konnte ihm, einem gesunden Mann, reine Zuneigung genügen? Schließlich befand er sich sozusagen auf Hochzeitsreise! Der Akademiker merkte, wie der Underberg seine Gedanken vernebelte. »Meine liebe Baroneß«, lallte er entschlossen, »ich werde dann mal eben eine Mütze voll Schlaf nehmen. Wecken Sie mich bitte, wenn wir in Venedig sind?« Bibi nickte, und das Herz zog sich ihr zusammen. Warum nur war der Professor so reserviert und betrunken? Ärgerte er sich, daß er nun ein verheirateter Mann war? Bereute er es gar? Bibi seufzte: »Ich hoffe doch, daß diese Formalität keinen Keil zwischen uns treiben wird. Aber zu gerne würde ich wissen, wie er wirklich zu mir steht.« Und traurig studierte die Baroneß die Speisekarte der DSG: »Hm, Sülzwürzfleisch mit Graubrot an Schmalz, 35 Mark 50. Man möchte meinen, man säße im Intercity ›Oswald Spengler‹!« Und während sie noch über diesen pfiffigen Connex – »Untergang des Abendlandes« und Eßkultur der Deutschen Schlafwagen Gesellschaft – nachsann, erreichte der Zug unter Pfeifen seinen Zielort.

In Venedig schien der Professor wie ausgewechselt. »Gerne erinnere ich mich an die Zeit, da ich als junger Dachs hier bei Professor Luperini studierte! Lassen Sie uns im Hotel Excelsior absteigen! Dort wohnte ich als armer kleiner Student! Es wird Ihnen sicher gefallen, hat es doch drei rote Häuschen im Guide Michelin!« Und sportlich besprang das Paar eine Gondel.

Venedig zeigte sich von seiner schönsten Seite. Die Luft war mild und angefüllt mit dem vielstimmigen Gesang der Gondoliere, die nicht müde wurden »O sole mio« anzustimmen und dazu die Klampfe zu schlagen. »Wie gefällt es Ihnen?« brüllte Marquardt mannhaft gegen den Lärm an. Bibi signalisierte ihm mit einem nach Art der Anhalter und Michael Schumachers hochgehaltenen Daumen, daß sie sehr angetan sei. Allein der Anblick der vielen Hochzeitspaare, die engumschlungen durch die Stadt gingen, versetzte ihr einen kleinen Stich. Doch sie riß sich zusammen. »Wo findet das Konzert statt?« rief sie dem Professor ins Ohr. Der Gelehrte gab ihr eine Zeitung. »Hm, Folklore und Klassik aus Deutschland. Es spielt das Hochschulorchester von Berlin unter der Leitung von Bubi Rehagel. Beginn: 20 Uhr im Drogenpalast. Nun gut, machen wir uns rasch im Hotel frisch und suchen dann den Fagottisten Hessler auf!«

Der berühmte, altehrwürdige Drogenpalast war bis auf den letzten Platz ausverkauft, doch Bibi und Marquardt gelangten durch den Künstlereingang zur Bühne, auf der das Hochschulorchester bereits beschwingt ein Potpourri der schönsten Stellen aus der Matthäus-Passion intonierte. Bibi raffte die lange Schleppe, und gemeinsam arbeiteten sie sich an die Reihe der Holzbläser heran. Es gab nur zwei Fagottisten, die gerade ihre Mundstücke in ein Gläschen tauchten und erneut die Instrumente ansetzten. Das frisch vermählte Paar hatte sich unbemerkt an die beiden Musiker herangeschoben, als diese lautlos vom Stuhl glitten. »Verrat!« rief Marquardt aus. Doch Bubi Rehagel, ein ganz von der Musik durchdrungener Maestro, zischte ihn an: »Die Show muß weitergehen! Los, greifen Sie sich die Fagotte, und machen Sie gute Miene zum bösen Spiel!« Die Baroneß reinigte rasch die Mundstücke und gab ihr Bestes. »Wie gut«, dachte die Baroneß, »daß ich die harte Schule der musikalischen Früherziehung durchlaufen habe. Somit ist mir die Handhabung eines Fagotts bestens vertraut!« Der Professor, der auf keinerlei musikalische Praxis zurückschauen konnte, stellte sich zum Chor und lieh ihm seinen prächtigen Baßbariton. »Warum habe ich nie musiziert?« irrlichterte es ihm durch den Kopf. »Ich habe in meinem Leben so viel verpaßt, alles der Wissenschaft gewidmet! Tage und Nächte im forensischen Institut über meinen Tiegeln, Reagenzgläsern und Leichenteilen! Ich werde mein Leben nach dem Konzert von Grund auf ändern! Auch mein Sexualleben! Es kann nicht angehen, daß ein attraktiver Mann wie ich zölibatär dahinvegetiert! Ich werde das Herz der Baroneß gewinnen und gemeinsam mit ihr die Freuden der Libido erleben!« Und – hinweggerissen von der Begeisterung über seine soeben getroffene Entscheidung – übernahm er sogar einen Solopart, was von Rehagel mit wohlwollendem Nicken aufgenommen wurde.

Schließlich war auch der folkloristische Part überstanden; die letzten Töne von »Olé, wir fahrn ins Puff nach Barcelona« waren im altehrwürdigen Palazzo verklungen, und begeistert würdigte das kenntnisreiche italienische Publikum die Darbietung der Deutschen. Nun konnte sich der Professor den beiden Fagottistenleichen zuwenden, die stumm unter ihren Stühlen lagen. »Sie benetzten ihre Mundstücke nicht mit Wasser, wie sie glaubten, sondern mit Prosecco. Der unerwartete Geschmack, dieser Schreck darüber, verursachte bei beiden einen Herzschlag. Man weiß ja, daß Musiker nur ungerne dem Alkohol zusprechen, ihn geradezu verabscheuen und allergisch darauf reagieren!« Die sensiblen Augen des Gelehrten schienen müde: »Jemand hat ihnen die falschen Gläschen untergeschmuggelt. Bibi, wir haben die weite Reise umsonst gemacht!« Bibi ballte die zarten Fäuste: »Nein, Prof! Jetzt nicht aufgeben! So seien Sie doch zuversichtlich! Hat Ihnen denn nicht Frau Musika Kraft geben können, auch diesen Schlag zu überwinden?« Der Professor erinnerte sich sofort seines Gelübdes, das er während des Konzertes abgelegt hatte: »Sie haben recht, Bibi. Wir sind zwar von Tod und Verderben umgeben, aber gerade deswegen sollten wir mehr Lebensfreude aufbringen! Scheißen wir – um es im Duktus der jungen Generation zu sagen – auf die Leichen! Gehen wir in eine Trattoria!« Die Baroneß seufzte erleichtert: »Das ist der Geist, den ich schätze! Die Welt ist bunt, und das Leben kann so schön sein!« Sie hakte sich nach nur kurzem Zögern bei dem nun wieder forschen Äskulapjünger unter, der diese Geste mit sichtlichem Wohlwollen bemerkte.

Mord im Dom

Glücklich seufzend schob Marquardt sein Zabaione-Tellerchen zurück. Die Baroneß nippte an ihrem Espresso und sah mit gerunzelter Stirn auf die Liste der Zeugen: »Hm, da wir gerade in Italien sind: Einer der Statisten, ein 14jähriges Bürschchen, befindet sich zur Zeit in Rom!« Die Erwähnung der Ewigen Stadt zauberte ein helles Leuchten in die warmen Augen des Professors. »Die Ewige Stadt!« entfuhr es ihm begeistert. »Ja!« bestätigte Bibi. »Er ist dort, um an einer Papstaudienz teilzunehmen. Er ist nämlich Ministrant. Hier: Tom Hintner, 14 Jahre, Ministrant an der Kreuzkorken-Kirche zu Köln.« Der Professor streckte sich: »Nun, wenn ich richtig konstatiere, werden wir bald von höchster Stelle gesegnet werden! Sicher, ich bin eigentlich Agnostiker, aber die heidnischen Bräuche der katholischen Kirche haben schon immer einen starken Reiz auf mich ausgeübt!« gestand der brünette Mann und prüfte die Rechnung, die auf einem kleinen Tellerchen serviert worden war. »Hm, 150.000.000 Lire. Man will uns betrügen. He, Luigi!« rief er launig dem Wirt des *Chez Mario* zu, »non con me, vecchio stronzo!« Der bei seinem durchsichtigen Nepp-Versuch ertappte Mann gab sofort Sconto. Bewundernd sah die Baroneß zu ihrem Ehemann empor. »Er ist so weltgewandt, beherrscht so viele Sprachen!« schoß es ihr in der elliptischen Syntax der BILD-Zeitung durch den Kopf. »Er ist großartig, besitzt Autorität!« dachte sie in diesem Sprachmodus weiter. Und sie dachte auch an den Tag, da sich Marquardt schützend zwischen sie und den angetrunkenen Studenten gestellt hatte. »Sicher, mein Lady-Browning gibt mir Sicherheit, aber mehr noch die Anwesenheit dieses großartigen Gefährten!« dachte sie dankbar und musterte den Gatten mit schmelzendem Blick. Marquardt war nicht verborgen geblieben, wie ihn die Baroneß betrachtet hatte, und ein jähes Glücksgefühl erfüllte seine breite, stark behaarte Brust. Seine blutunterlaufenen Augen verengten sich zu lüsternen Schlitzen, und mit einem obszönen Grunzen riß er Bibi erst das Leinen-Ensemble vom Leib, sodann den Seidenbody, und während der Baroneß der Schmodder der Vorfreude in Sturzbächen die Beine entlangschmatzte, entblößte der pockennarbige Gelehrte seinen mächtigen Pathologen-Penis... ist ja gar nicht wahr! Ich wollte nur mal testen, ob irgend jemand bis hierher mitgelesen hat! Hat jemand? Gut, dann können wir ja wieder zivilisiert fortfahren! Wir sind hier schließlich nicht im Bahnhofskino!

Endlich saßen sie im Zug nach Rom. Zunächst hatte die Situation noch Spitz auf Knopf gestanden, da sie in einen Gondel-Stau geraten waren. »Cosi è il rush-hour!« hatten die Gondoliere zwischen zwei »O sole mio« gerufen, aber sie dennoch pünktlich zum Bahnhof gerudert. Die Fahrt nutzte das junge Paar für eine Überprüfung ihrer Zeugenliste. »Einer nach dem anderen hingemeuchelt!« entfuhr es brüsk dem Professor. Die Baroneß wiegte nachdenklich den frisch ondulierten Kopf. »Wir müssen Sorge tragen, daß dem kleinen Hintner nichts zustößt. Wir sollten ihn nicht direkt ansprechen, sondern uns heranschleichen. Der Kanzlermörder scheint uns immer einen Schritt voraus zu sein. Ich frage mich nur, warum er nicht uns beseitigt.« Marquardt nahm einen großen Schluck Grappa: »An uns traut er sich nicht heran. Wir sind ihm zu professionell und ja auch stets auf der Hut. Im Gegensatz zu den armen Zeugen.« Sie gedachten eine Weile schweigend der Opfer: 3 pfälzische Kanzler, Luigi, Frau Lola, die beiden Soziologiestudenten, die beiden Fagottisten – um hier stellvertretend nur einige zu nennen.

In Rom schien wie jeden Tag die Sonne. Es war so schön, daß sich das Paar Zeit für einen Stadtbummel nahm. Bibi mußte wieder über des Professors Weltläufigkeit und Connaissance staunen. »Hier haben wir den Vespa-Tempel. Ein sehr schöner und praktischer Rundbau. Und jetzt zeige ich Ihnen den berühmten Trevira-Brunnen, in dem seinerzeit die berühmte Filmszene von Fellini gedreht wurde!« Doch in diesem Augenblick hupte es laut, und ein VW-Bus mit der Aufschrift »Kreuzkorken-Kirche Köln« bahnte sich rücksichtslos den Weg zwischen der schlendernden Passantenschar. Ein unsympathischer Pfarrer schrie aus dem Fenster: »Platz da! Wir wollen uns den Petersdom ansehen!« Bibi und Marquardt mußten nicht viele Worte wechseln; sie waren sich sofort über die weitere Vorgehensweise einig: »Rasch, Bibi! Jetzt gilt es, keine Zeit zu verlieren! Ich denke, wir sind uns – nicht zuletzt dank unserer langjährigen Zusammenarbeit – instinktiv einig über die weitere Vorgehensweise! Lassen Sie uns aufspringen!«

Mit einem eleganten Satz stand Marquardt auf der hinteren Stoßstange und hielt sich am Reserverad fest. Bibi hingegen kauerte auf einem der Trittbretter und hielt den Türgriff umklammert. Im Inneren des Wagens blieb diese Attacke unbemerkt, stimmten die Ministranten doch gerade ein Liedchen an. Während die Jungen lauthals »Tauet Himmel den Gerechten« gröhlten und Bierdosen aus dem fahrenden Wagen warfen, spähte Bibi hinein. »Welcher von ihnen mag wohl Tom Hintner sein?« frug sie sich und musterte die katholische Schar. »Hm, sonderlich wohlerzogen sind die aber nicht.« Die Ministranten und ihre beiden Pfarrer boten tatsächlich einen skandalösen Anblick. Alle schienen angetrunken zu sein, sie schlugen aufeinander ein, und einer der untersetzten Meßdiener schlitzte sogar eine Bank des Busses mit einem Bowie-Messer auf. Da fiel Bibis Blick auf einen kleinen zarten Jungen, der inmitten dieses Durcheinanders still betete. »Ein sehr frommer Junge!« folgerte die Baroneß geistesgegenwärtig. »Ich vermute, daß es sich um Hintner handelt!« Und sie hatte sich nicht getäuscht, denn schon baute sich ein grober Kerl in Soutane vor dem Kleinen auf und schrie in vom Alkohol gebrochenem Deutsch: »Hitler, alte Pfeife! Immer bißchen beten, he? Glaubst wohl, du wärst was Besseres!« Angewidert wandte sich Bibi ab und überlegte, wie es wohl dem Professor am Reserverad ergehe.

Der Gelehrte war wohlauf; es gelang ihm sogar noch, während der zugigen Fahrt einem fliegenden Händler einen Strohhut abzukaufen. »Gebe Gott, daß dieser Hintner etwas gesehen hat und bezeugen kann!« dachte er ingrimmig und verknotete das Gaze-Band des Huts unter seinem männlich markanten Kinn.

Im Petersdom fiel der kleine Haufe der Ministranten nicht weiter auf zwischen den Besuchern aus aller Welt: Italiener, Franzosen, Spanier und sogar einige Farbige begutachteten den Dom, schrieben mit Edding ihre Namen an die Wände und brachen als Souvenirs kleine Fragmente aus dem Dekor. Der Papst schien völlig überfordert; gehetzt eilte er durch das Gotteshaus, hielt hier einen Japaner davon ab, zwei Kerzenständer einzupacken, gab dort einem frechen Pilger eine Kopfnuß; keine Frage: Der heilige Vater hatte alle Hände voll zu tun.

Bibi und Marquardt bekreuzigten sich am Eingang nur rudimentär und begaben sich sofort auf die Suche nach dem kleinen Hintner. Er war nicht bei seiner Gruppe. »So ein frommer kleiner Bursch«, sinnierte Bibi, »er wird sich dort aufhalten, wo es etwas ruhiger ist.« Plötzlich war ein lauter Knall zu vernehmen. Dann schrilles Kreischen: »Er ist tot!« rief es in allerlei Sprachen: »Il est mort!« und »He's dead!« und »Da hat's aans ärwischt!« und »mortus est!« hallte es polyglott durch den Dom. Des

Professors Züge wurden bitter. »Zu spät! Abermals zu spät!« stieß er zwischen den gepflegten Zähnen hervor. »Kommen Sie, Bibi!« Als sie an den kleinen Hintner herantraten, bot dieser einen schrecklichen Anblick: Mit zerschmettertem Schädel lag er in seinem Blute und einem Haufen von Münzen, die der Papst rasch einzusammeln suchte, bevor der Mob sich darauf stürzen würde. Bibi richtete den Blick nach oben. »Sehen Sie, Prof!« rief sie so aufgeregt atmend, daß sich ihre wohlgeformte Büste eifrig hob und senkte. Der Professor folgte dem Blick der Baroneß und erkannte in der Höhe, genau über dem Leichnam des kleinen Hintner, eine Balustrade. »Verdammt!« stieß er, den mörderischen Vorgang mit einem Blick erfaßt habend, aus. »Jemand hat den Kollektenkasten über die Brüstung geschoben! Glauben Sie an einen Zufall, Bibi?« Bibi atmete sarkastisch aus: »Wie oft wird ein Meßdiener von einer Kollekte erschlagen?« Und erbittert fügte sie hinzu: »Das kommt ja wohl höchstens einmal in zehn Jahren vor.« Marquardt schaute sich markant um. »Es hat keinen Zweck. Wir müssen zurück nach Deutschland, den Fall noch einmal von vorne aufrollen!« Und bedrückt verließen sie die Kathedrale, in der nun eine Rauferei um die Münzen begonnen hatte. Dem Papst gelang es, mit dem Hirtenstab die zähesten Plünderer abzuhalten, bis ihm schließlich die Schweizergarde zu Hilfe eilte. »Würdelos!« murmelte Marquardt. »Bibi, wir packen sofort unsere Sachen!«

Das Rätsel von Tottenham

Im Hotel warfen sie hastig ihre Garderobe in die Schrankkoffer. Der Professor schien in Gedanken, denn er bemerkte gar nicht, daß er seine Bettschuhe und Bartbinden im Lady-Kit der Baroneß verstaute. »Meine Liebe!« rief ungestüm der wohlgeformte Gelehrte aus, als er seinen Koffer schloß: »Ich hab's! Respektive: Heureka!« Die Baroneß wandte sich überrascht ihrem Gemahl zu. Solch unüberlegte Gefühlsausbrüche waren sonst nicht seine Art. »Was haben Sie, Prof!« frug sie grazil. »Wir müssen nach England!« sagte der galante Gelehrte sehr bestimmt und strich mit einem Erfrischungstüchlein über seine wildledernen OP-Schuhe. »In Tottenham wohnt der berühmte Kriminologe Colonel Conni Bolton! Dieser Mann besitzt hellseherische Instinkte, wird uns bei der Lösung des Falles helfen können!« rief Marquardt in der elliptischen Syntax, die Bibi erst vor drei Kapiteln bis an die Grenzen strapaziert hatte.

Marquardts Einlassung schien die Baroneß nicht sonderlich zu verwundern: »Mich verwunderts nicht, daß Sie auf diese Koriphäre zu sprechen kommen. Auch ich hatte ihn im Sinn!« Marquardt blickte bewundernd auf die zierliche Frau, die entschlossen ihren Beauty-Case schloß. »Auf nach England!« rief sie aus, und Marquardt dachte bei sich: »Dieses junge Füllen wächst mir mehr und mehr ans Herz. Wann wohl werden wir uns endlich näherkommen??« Und der Professor schmunzelte, als er bemerkte, daß er *zwei* Fragezeichen gedacht hatte.

Unverzüglich begaben sich die beiden zum Flughafen, und nur drei Stunden später landeten sie im Vorgarten von Colonel Conni Bolton.

Der hagere Bolton war nicht erstaunt, so überraschend dem berühmten Pärchen gegenüber zu stehen. »Fuck!« murmelte er in der lässigen Art des Briten, und ohne große Umstände bewirtete er sie in seinem urigen Salon, der ganz im Kolonial-Stil gehalten war. Zwei Inder trugen die Speisen auf. »Mahlzeit, Sahib!« wisperten die servilen Buddhisten. »Oh!« freute sich Marquardt, »ein typisch britisches Mahl! Dieses weiße, labbrige Brot! Dieses schlappe, zerkochte Gemüse! Gern erinnere ich mich der Zeit, da ich als junger Spund in London studierte! Cheers, mein lieber Conni!« Herzlich ließen die beiden Kriminologen die Whiskey-Gläser klirren und tauschten feurige Zungenküsse. Erschrocken betrachtete die Baroneß das engumschlungene Männerpaar. Der Professor bemerkte den zweifelnden Blick der Baroneß und wisperte ihr zu: »Seien Sie nicht erschrocken! Wir befinden uns hier im Mutterland der Homophilie! Es handelt sich also nur um eine Formalität!« Beruhigt lehnte sich die junge Adelige zurück und lächelte verständnisvoll.

»Well!« rief Bolton atemlos aus. »Was gibt's, alter Freund? Die Kanzlermorde, was?« frug er blitzgescheit. Offensichtlich war der homosexuelle Gelehrte auf dem laufenden. »Was hältst du von dieser Geschichte?« investigierte sofort Marquardt, der innerhalb einer Zehntelsekunde von Tucke auf Amtlich umgeschaltet hatte, lag ihm doch die Lösung dieser mysteriösen Fälle sehr am Herzen, ja, sie wurde allmählich gar zum Steckenpferd. Kein Zweifel: Sowohl der Ehrgeiz als auch das Jagdfieber hatten den berühmten Pathologen gepackt, und er mochte keine Zeit mit müßigen Floskeln vertrödeln ... (Blablabla. Kommen wir endlich zum Wesentlichen! Also: Bibi und Marquardt werden von Colonel Bolton in einem Gästezimmer mit nur einer! und obendrein sehr schmalen! Liegestatt untergebracht!! Heikle, nachgerade brenzlige Hormonsituation! Wir kommen nicht umhin, Mäuschen spielen zu müssen! Jetzt wird's spannend, jetzt wird's peinlich, jetzt müssen die Minderjährigen das Zimmer verlassen, jetzt wird's »ab 18«!)

Verschämt legte Bibi den seidenen Kimono ab: »Glauben Sie, daß Conni uns weiterhelfen wird?« frug sie mit belegter Stimme. Nervös nestelte Marquardt an seiner Anstaltspackung Pariser. »Nun, er ist ein heller Kopf, ist gebildet!« entfuhr es ihm in der sattsam bekannten elliptischen Syntax, die uns allen inzwischen zum Halse raushängen dürfte.

Nun lagen die beiden Frischvermählten also traurig, beschämt, betroffen und splitternackt nebeneinander im schmalen Himmelbett des schnuckeligen Gästezimmers. Marquardt räusperte sich: »Meine Liebe! Nach all dem, was wir gemeinsam erlebt haben – sollten wir uns nicht endlich das DU anbieten?« Bibi errötete. »Das sollten wir!« sagte sie mit zitternder Stimme. »Nennen Sie mich Bibi!« Marquardt musterte die junge Frau, die, nur mit ihrem Diadem bekleidet, noch anziehender zu wirken schien. »Merkwürdig!« schoß es dem Akademiker durch die Rübe, »nun sind wir schon so lange verheiratet, und... und...« Und er brach seinen Gedankengang nach dem zweiten »... und« ab. »Vaginale Penetration! Das ist das Zauberwort!« dachte heimlich die Baroneß. Marquardt seinerseits versteifte sich. »Himmel!« dachte er in seiner diskreten Art, »ich kriege ein

Rohr! Entsetzlich! Hoffentlich bemerkt sie nichts!« Doch der Baroneß war nicht entgangen, daß sich das Glied des Pathologen versteift hatte, und mit einem kehligen »Luitpold! Nimm mich!« fiel sie ihrem Gemahl spontan um den Hals. Nun brachen alle Dämme. »Bibi!« rief der attraktive Mann, »nun brechen alle Dämme! Lassen Sie uns diesen entwürdigenden sexuellen Notstand endlich beenden!« Und besinnungslos vor Leidenschaft zerstruwwelte der kompakte Gelehrte der jungen Frau die Frisur. Das Diadem fiel klirrend zu Boden, doch die beiden Liebenden störte dies nicht, führte die patente Adelige doch immer ein Reservediadem mit sich.

»Ja! Ja!« rief die Baroneß nun ein ums andere Mal. Colonel Bolton, der sich gerade aus der Küche ein Glas kühler Landvollmilch (3,5%) und ein Sandwich mit bestem Rinderhirn geholt hatte, hielt auf dem Flur inne und lauschte entzückt dem Wortwechsel des kopulierenden Paares: »Yes! Yes!« übersetzte er schmunzelnd die Schreie des Paares in seine Muttersprache, und »Deeper! Deeper!« erscholl es enthemmt aus dem Gästezimmer.

So ging das eine ganze Weile hin und her, bis schließlich Marquardt in der unnachahmlichen Manier des kommenden Akademikers ausrief: »Advenio! Advenio!« Der Orgasmus des Professors spottete jeder Beschreibung, und in seiner starken Erregung zerknautschte er der Baroneß sogar das Beischlafjäckchen, welches sie sich noch kurz vor Kopulationsbeginn übergeworfen hatte...

Really satisfied sank das Paar in die Kissen. Bibi entzündete eine Lord extra und sog den Rauch ein.

»Nun!« hüstelte Marquardt verlegen, »nun, das war wirklich nicht übel! Und was meine Potenz angeht, obendrein ein weiterer Beweis der These: Geschwindigkeit ist keine Hexerei!« Auch die Baroneß schien angetan: »Dergleichen habe ich nie erlebt! Man glaubt wirklich nicht, wieviel Lustgewinn so ein einfacher Koitus bereiten kann!« bestätigte sie dem Professor. »Aber«, fuhr die deflorierte Adelige fort, »darüber dürfen wir nicht unseren eigentlichen Auftrag vergessen!« Des Professors Stirn umwölkte sich: »Richtig!« entfuhr es ihm sonor, »Sie spielen auf die Kanzlermorde an!« Und beider Gedanken schwiffen in die Ferne, zurück nach dem Vaterland. »Dort liegt aber auch alles im argen!« analysierte Marquardt. Und dergestalt politisierend fuhr er fort: »Ich halte dieses Land für vollkommen korrupt und zerrüttet. Die Menschen scheinen mir seit der Wiedervereinigung moralisch verkommen. Es herrschen nur noch Neid, schnöder Mammon, ungepflegte Umgangsformen und Subventionsbetrug!« Auch die Baroneß hielt mit ihrer Meinung nicht hinter dem Berg: »Denken Sie nur an die vielen Menschen, die Jogginganzüge tragen! Welch ein Elend!« Marquardt seufzte: »Und der Milliardentransfer in den Osten! Mir wird übel, wenn ich daran denke! Aber lassen wir diese feuilletonistischen Gedanken, wenden wir uns den schönen Dingen des Lebens zu!« Die Baroneß lächelte neckisch: »Ja, morgen früh befragen wir Bolton, aber bis dahin sollten wir es uns wirklich ein bißchen nett machen!« Und das elegante Paar schob noch einige Nummern.

Am frühen Morgen wurden sie von seltsamen Geräuschen aus dem Beischlaf gerissen. »Sapperlot!« entfuhr es Marquardt. Das Haus war erfüllt von dem entmenschten Gebrüll einer Kuh. Rasch hatte sich das Liebespaar angekleidet und parfümiert. Neugierig öffneten sie die Tür ihres Liebesnestes. Im Stiegenhaus des Landsitzes spielten sich grauenerregende Szenen ab: Colonel Bolton galoppierte durch die Gänge und gab Milch. Seine Haushälterin saß weinend auf einem Canapee und beobachtete hilflos den offensichtlich verrückt gewordenen Colonel, der nun einen Gobelin von der Wand riß, um einen großen Kuhfladen darauf zu placieren. Marquardt stand sofort neben dem unglücklichen Manne, dem galliger Schaum vom Munde troff. »Was hat er heute zu sich genommen?« frug er diszipliniert die immer noch weinende Zugehfrau. »Nun«, überlegte diese stockend, »wie jeden Morgen ein Sandwich mit Rinderhirn!« Marquardt schauderte: Furchtbar! Ein typischer Fall von Rinderwahnsinn! Er hat sich eine bovine spongiforme Dingsbums zugezogen! Der Mann ist verloren!! Bibi erschrak: »Ja, ist denn da gar nichts mehr zu machen?« Und sie schlug dem Colonel beruhigend auf die Kruppe. »Ich fürchte, nein!« beschied der Professor seine Gattin und wandte sich an die aufgelöste Wirtschafterin: »Führen Sie den Colonel auf die Weide. Ich muß nachdenken!«

Das satanische Sonderheft

Nachdenklich strich Marquardt die Bügelfalten seiner mondänen Jeans glatt. »Ich weiß mir keinen Rat. Bolton scheint ein hoffnungsloser Fall zu sein.« Und er beobachtete durch das kleine Sprossenfenster, wie die Haushälterin unter Tränen den Colonel molk. Die Baroneß ging gerade anmutig die Tagespost durch: »Oh! Des Colonels Wahnsinn hat bereits ein großes Presse-Echo gezeitigt! Es liegen auch einige interessante Anfragen bedeutender deutscher Käseblättchen vor! Ich zitiere:

›... wären wir an dem Mann sehr interessiert, da wir gerade ein Sonderheft ›Rinderwahnsinn‹ planen.

Mit freundlichen Grüßen:
Ihre Redaktion essen & trinken‹«
Dem Professor zerfurchte es die nachdenkliche Stirn: »Nun, warum eigentlich nicht? Warum eigentlich nicht mit dem Leid anderer Men-

schen eine schnelle Mark machen? Liefern wir Bolton einfach in Hamburg ab. Dann sind wir ihn los, und Gruner & Jahr freut sich, hat etwas zu berichten!« erläuterte er in der sattsam zum Halse heraushängenden Diktion, die wir schon ausgiebig in vorhergehenden Kapiteln mißbilligt haben.

Gesagt, getan. Hurtig zurrten sie den Colonel in einem Viehtransporter fest und begaben sich auf die Fähre nach Hamburg.

In der Hansestadt regnete es ausnahmsweise. Als die Frischvermählten mit dem rinderwahnsinnigen Colonel die Ost-West-Straße entlangfuhren, erschien auf der Höhe der Brandstwiete Rudi Augstein und winkte nach Art der Anhalter mit dem Daumen. »Heda!« rief der untersetzte Journalist in der forschen Art des Herausgebers: »Bringt ihn nicht zu essen & trinken! Bei uns hat er es besser, bekommt eine Titelseite!« rief er elliptisch aus. Doch der Professor drückte »auf die Tube«, und schunkelnd näherte sich der Viehtransporter dem essen & trinken-Building, wo bereits Beistellköchin Rosi aufgeregt im Foyer wartete. »Na endlich!« rief sie in der charmanten Art der e&t-Redakteurinnen aus: »Her mit dem Irren!«

Marion Hoppenstedt, eine besonnene Chefredakteurin in den besten Jahren, musterte kurz den Colonel, der sich nach einem lauten »Muh!« in den Vorgarten des Presse-Imperiums übergab. »Führt ihn auf die Weide!« beschied die besonnene Tycoonin: »Ich muß nachdenken!« Und behend verlud Art-Directorin Hasenfuß den aufsässigen Rinderwahnsinnigen. »Halt!« rief da plötzlich Hoppenstedt, und ihre wissenden Augen verengten sich zu publizistischen Schlitzen: »Bindet ihm eine Krawatte um, und steckt ihn in Aspik! Diese Photos werden sensationell, werden Auflage machen!«

Ihre getreuen Mitarbeiterinnen fackelten nicht lang, und während Rudi Augstein noch fluchend an der Ost-West-Straße auf und ab ging, hatte die e&t-Redaktion den irren Colonel bereits in seinen vorteilhaftesten Posen abgelichtet. »So ein Sonderheft steht und fällt mit seinen Models!« dozierte Beistellköchin Rosi: »Darauf müssen wir einen trinken!« Während sich die Redaktion zuprostete, durchforsteten Bibi und Marquardt die kleine Versuchsküche des Blattes: »Nun!« frohlockte der hungrige Gelehrte: »Sieh da! Es ist noch etwas kalter Kapaun im Eisschrank! Machen wir uns ein Sandwich!« Und die Baroneß ergänzte sonor: »Ja! Und wenn wir uns gestärkt haben, lassen Sie uns die Nachforschungen vorantreiben, geht es jetzt doch allmählich dem Ende dieses Buches entgegen!« Und still gedachten die beiden der Autorin, die schwitzend vor ihrer Schreibmaschine saß und sich fragte, woher diese ganze Scheiße wohl kommen mochte, die ihr rund um die Uhr durch das weiche Hirn floß: War es ein frühkindliches Trauma? Oder die Maul- und Klauenseuche? Oder beides?

Indes war die Redaktion von e&t bereits am Höhepunkt ihrer Redaktionsfeier angekommen. Das Six-Päck »Holsten« war bereits verputzt, und in der kleinen Versuchsküche hatte ein erbitterter Streit um den billigen Weißwein begonnen: »Den dürft ihr nicht trinken! Den brauchen wir noch zum Kochen!« schrie erbittert Marion Hoppenstedt, doch mit geübtem Griff hatten ihr schon Frau Rosi und Fräulein Hasenfuß die Magnumflasche Müller-Thurgau entrissen. »Her mit dem Sprit!« rief polternd Hasenfuß, während Frau Rosi ihre Chefin mit einem gezielten Schlag (»Voll auf die Zwölf!«) niederstreckte. Ganz plötzlich wurde der Baroneß übel: »Ich weiß nicht, was das ist! Sollte ich jetzt auch rinderwahnsinnig werden?« frug sich die zierliche Frau. Die am Boden liegende Hoppenstedt öffnete die Augen und musterte die junge Adelige: »He, die ist doch schwanger! Dafür habe ich einen Blick! Ich habe selbst zwei mißratene ... « Die versierte Journalistin konnte ihren Satz jedoch nicht beenden, da Frau Rosi ihr erneut »auf die Zwölf« geschlagen hatte.

Fassungslos schaute die Baroneß an sich hinunter: Schwanger! Sie war also guter Hoffnung, trug ein Kind Marquardts unter dem Herzen! Der zukünftige Vater jedoch hatte die Diagnose

Hoppenstedts überhört: »Hier ist unseres Bleibens nicht länger!« wisperte er mit einem Seitenblick auf die tobenden Redakteurinnen, die sich mittlerweile gegenseitig mit Bouletten bombardierten. »O.K., Prof! Nehmen wir uns einstweilen den nächsten potentiellen Zeugen vor!« Die beiden duckten sich rasch unter den Tranchier-Tisch der Redaktion, denn inzwischen waren die »Journalistinnen« von Bouletten auf Ausbeinmesser umgestiegen. Bibi entfaltete die Liste: »Hier: Frank Schulz, 24. Literarisch ambitioniert. Er war seinerzeit Aushilfsbeleuchter, als Frau Lola ermordet wurde!« Marquardt kräuselte seine kühn geschwungene Nase: »Frank Schulz? Der liest doch dieses Jahr in Klagenfurt, oder?« Die Baroneß bestätigte: »Ja!« Und der Professor straffte sich: »Nun gut! Fahren wir nach Klagenfurt, schauen wir uns den Laden einmal an.« Die Baroneß begann sofort, einige Geistesblitze zu notieren. Sie wollte schließlich nicht mit leeren Händen vor die berühmte Jury des Ingeborg-Bachmann-Komitees treten. Sich große Backbleche wie Schutzschilde vorhaltend, verließen sie die Redaktion.

Mörderisches Klagenfurt

*U*nruhig ging die schwangere Adelige im Sonderzug nach Klagenfurt auf und ab: »Hören Sie, Prof. Wie finden Sie den:

In der Mitte der Nacht
ist mein Herz am Bersten
strauchelt meine Seele
entseelt durch das Dunkel.
Meine Nacht hat keinen Ausgang.
Meine Furcht keine Feuerleiter.
Mein Herz schreit nach last Exit.«

Bewundernd strich der Professor über die Manuskripte der Baroneß: »Selbst Sarah Kirsch hätte es nicht schöner sagen können! So wohlfeil und beliebig!« lobte er das rasch hingeschluderte Œuvre der Adeligen.
Der kleine Ort Klagenfurt hatte sich zum diesjährigen Wettbewerb wieder besonders neckisch herausgeputzt. Die bunten österreichischen

Fähnchen flatterten lustig im Wind, und die geschäftstüchtigen Bürger hatten ihre Hauseingänge zu kleinen Buden umfunktioniert, an denen man Souvenirs erstehen konnte. Was es da alles gab: geschmackvolle Zinnteller, handgeschnitzte, in knarziges Wurzelholz gearbeitete Bachmann-Büsten, Bachmann-Spazierstöcke, Bachmann-Tirolerhüte, Bachmann-Zwetschgenmännchen, -Lebkuchen und -Liebesäpfel. Auch die Gastronomie hatte sich auf das Ereignis eingerichtet und ehrte die verstorbene Jubilarin mit namhaften Tellergerichten: »Germknödel Ingeborg« oder »Rahmbäuschel Bachmann« oder auch »Eisbecher Mandarine-Malina«; über die wohl fälschlich ins Sortiment geratene »Spargelcremesuppe Steppenwolf« mußte Marquardt allerdings schmunzeln, ebenso über das »Schnitzel a la Rättin« und die »Buchtel Niemandsbucht«. Über dem Städtchen und dem bunten Treiben lag das klangvolle österreichische Idiom, in dem die Eingeborenen für ihre Waren warben: »Schauns, Frau Professor! A Kuckucksuhr, wo bei jeder vollen Stund' die Ingeborg den Kopf naussteckt! Siebenhundert Schülling! Dös is g'schenkt!« sowie: »Wos wollns mir dafür geben? Dreihundert Schülling? Wissen's wos? Gehn's scheißen!«

Im kleinen Kurhaus herrschte bereits Hochspannung. Aufgeregt schwitzend ging der literarische Nachwuchs im Foyer auf und ab. Mißtrauisch musterten die Konkurrenten einander, die Stimmung war brandgefährlich, es kam sogar zu Mobbing-Versuchen und Sabotageakten. »Hilfe! Hilfe!« jammerte aufgelöst ein junger Mann und starrte auf sein Manuskript: »Jemand hat mir sämtliche Konsonanten gestohlen! Der Text ist ruiniert!« Hämisches Lachen erscholl. Angewidert wandte Marquardt sich ab: »Furchtbar, wie sich die jungen Literaten benehmen. Kommen Sie, Bibi! Es hat geläutet! Die Lesungen beginnen!« Und vor Anspannung vibrierend setzten sich die beiden in die letzte Reihe des Kurhauses.

Es war entsetzlich. Die hochsensiblen Dichterinnen und Dichter verbreiteten authistische Kacke ohne Ende. Die Geschichten hatten zum großen Teil keine Handlung, keine Action, es ging immer nur um Gefühle, Gefühle und nochmals Gefühle. »So ein Scheiß!« fuhr es Bibi durch den Kopf. »Können die nicht mal eine anständige Verfolgungsjagd oder eine Bettszene einbauen? Und warum schreitet die Jury nicht ein?« Lautes Schnarchen erklärte die Passivität des Gremiums: Chris Howland war bereits vornübergekippt, Götz George hing schief in seinem Jurorenstuhl, und Tony Marshall machte nur deshalb einen wachen Eindruck, weil er sich eine Brille mit aufgemalten Augen aufgesetzt hatte. Marquardt, der patent die Augen mit Hilfe von Streichhölzern geöffnet hielt, blickte konzentriert in die Runde: »Da sitzt er! Schulz! Ich erkenne ihn am Namensschildchen!« Und behend näherte er sich dem bärtigen Literaten, auf dessen Knien ein Manuskript lag. »Hm! Kein schlechter Titel!« murmelte Marquardt. »Es scheint ein kritischer Text zu sein: ›Totgeburt in Klagenfurt‹. Wirklich nicht übel. Offenbar ein sehr kritischer junger Mann, dieser Schulz!« Doch dann weiteten sich betroffen des Professors Augen, so daß polternd die Streichhölzer zu Boden fielen: »Halt! Die Lesungen sofort einstellen!« rief er mit Stütze: »Hier hat sich einer zu Tode gelangweilt!« Sofort brach das laute Schnarchen ab und machte spitzen Schreien Platz. Marquardt zog die Baroneß aus dem Pulk der panischen Schriftsteller: »Kommen Sie, Bibi! Ich hab die Schnauze voll! Jetzt rollen wir den Fall aber anders auf! Jetzt geht's in den Endspurt!«

Und zu allem entschlossen kratzte sich der Gelehrte am Sack.

Der entscheidende Hinweis

Ein goldener Tag glühte heran, und beschwingt pfeifend deckte Bibi den Brunch-Tisch. Sie wollte, daß alles perfekt sei, denn heute würde sie dem Gemahl ihr süßes Geheimnis anvertrauen. »Mal sehen, ob auch nichts fehlt: Baguette, Butter, foie gras, Hummer, Kapaun, Risibisi – o mein Gott! Ich habe doch tatsächlich den Champagner vergessen!« Die Baroneß schalt sich eine Törin und legte die pfirsichfarbene Stirn in Falten, was ihr etwas Hochintellektuelles verlieh: »Hm. Hoffentlich habe ich noch zwei, drei Flaschen Henkell trocken im Eisschrank!« Da erschien auch schon Marquardt, der sich im Badezimmer mit einem Deoroller ein wenig frisch gemacht hatte. Aufgeregt strich Bibi die Falten ihres Chiffon-Hosenanzuges glatt. Der Professor bemerkte sofort die Nervosität in den Gesten der Baroneß: »Nun!« schmunzelte er: »Haben Sie mir etwas zu sagen?« Die Baroneß errötete: »Ich bin im achten

Monat!« gestand die zierliche Frau ihrem Gatten. Der Professor erbleichte. Um seinen Ärger zu verbergen, aß er hastig von dem Kapaun und spülte fahrig mit zwei Flaschen Sekt nach. Bibi sank auf das kleine Sofa und flüsterte: »Ja, freust Du Dich denn nicht?« Dem Professor platzte der Kragen: »Freuen? Worüber sollte ich mich freuen? Und warum hast Du nicht aufgepaßt? Verdammte Scheiße!« Und die Zornesadern pulsierten markant an des Gelehrten Schläfen: »Jetzt ist es für eine Abtreibung zu spät! Ich lasse mich scheiden! Ich hasse Kinder!« Die Baroneß konnte ihr Erstaunen über die heftige Reaktion des Gatten nicht verhehlen: »Ich verstehe nicht ganz, Luitpold. Warum diese barsche Reaktion?« Doch düster und stumm starrte Marquardt auf die blumigen Laura-Ashley-Stores, die sich in der Zugluft bauschten. Der Baroneß traten die Tränen in die zweimarkstücksgroßen haselnußbraunen Augen. Als der Professor dies bemerkte, lachte er laut auf und schloß Bibi in seine breiten Arme: »Liebling! Weißt du denn nicht, welches Datum wir heute haben?« Bibi überlegte kurz, dann lachte auch sie erleichtert auf: »Ich Törin! Heute haben wir den 1. April, den Tag der Scherze! O, Du kleiner Schuft!« Und spielerisch schlug sie nach dem Gemahl, der nun seine Freude über die baldige Ankunft des neuen Erdenbürgers zum Ausdruck brachte. Nachdem diese Formalität erledigt war, schellte es plötzlich an der Türe.

Sofort entsicherte Marquardt seine Walther, während die Baroneß nach ihrem Lady-Browning tastete: »Erwarten wir Besuch?« frug sie leise den Gelehrten, der sich drahtig an die Eingangstür herangepirscht hatte und nun durch den geschmackvollen, herzförmigen Spion – eine Sonderanfertigung von Zeiss-Jena – sah. Erleichtert wandte er sich um: »Es ist unser Nachbar, der berühmte Advokat Doktor König!« Und schon schellte es erneut: »Ich bin's! Ihr Nachbar! Der berühmte Advokat Doktor König!« rief es sonor. Marquardt öffnete sofort: »Mein lieber Doktor König. Treten Sie ein!« Der beleibte Paragraphenreiter wohnte im 1. Stock der exklusiven Wohnanlage. Die Baroneß mochte den fülligen Mann, der als einer der trickreichsten Anwälte der Stadt galt und auch ihr Trauzeuge gewesen war. »Nun«, hüstelte Marquardt, »was führt Sie zu uns?« Der feiste Jurisprudent schielte auf den üppigen Brunch-Tisch. »Ja, äh ...« Bibi begriff sofort: »Aber so greifen Sie doch zu, König!« Der Anwalt ließ sich das nicht zweimal sagen, und nachdem er von Kapaun und Risibisi dreimal nachgenommen hatte, machte er ein kleines Nickerchen. Geduldig wartete das tolerante Pärchen den Schlummer des Rechtsverdrehers ab. Endlich öffnete er wieder die Augen: »Also: Wußten Sie, daß morgen der neue Kanzler vereidigt werden soll?« Bibi straffte sich: »Wieder ein Pfälzer?« frug sie blitzschnell. König nickte: »Wieder ein Pfälzer. Und um das Schlimmste zu verhindern, soll dies unter Ausschluß der Öffentlichkeit geschehen. Ich dachte, das würde Sie interessieren.« Marquardt erhob sich: »Mein lieber König, Sie haben uns einen großen Dienst erwiesen! Ich werde mich nach Bonn begeben, alles beobachten! Bibi, Sie bleiben hier! In Ihrem Zustande ...« Der korpulente Rechtsbeistand bekam feuchte Augen: »Gnädigste sind prägnant!« entfuhr es ihm gerührt. Verschämt nickte Bibi: »Ja, im achten Monat!« Dr. König schneuzte sich in sein blütenweißes Einstecktüchlein: »Ich werde dem Kleinen etwas ganz Besonderes zu seiner Geburt schenken: eine Rechtsschutzversicherung! Die kann er später sicher gut gebrauchen, der kleine Racker! Zumal, wenn er mir mal mit dem Fußball die Scheibe einwerfen sollte. Sie wissen ja: Mit mir ist nicht gut Kirschen essen; 3 Monate Jugendstrafe würde ich da locker rausschlagen! Jaja, wer sich mit Doktor König anlegt, der muß früh aufstehen, darf nicht vom Schlage eines Mannes sein, der sich die Hose mit der Kneifzange anzieht!« Bibi nickte wissend und erinnerte sich, daß es König einmal sogar gelungen war, für einen bekannten Baulöwen das jus primae noctis in allen seinen Mietobjekten durchzusetzen. Aber daß sie nicht mit nach Bonn fahren sollte, mochte ihr nicht gefallen: »Prof!« rief sie erzürnt, »ich habe an diesem Fall die gleichen Aktien wie Sie! Ich werde mitkommen und basta!« Und die Entschiedenheit, mit der sie den Lady-Browning in ihrem Kroko-Case verstaute, ließ keinen Widerspruch zu. »Sie haben ein prachtvolles Weib, mein lieber Professor!« rief begeistert der Anwalt: »Ich beneide Sie! Und jetzt ist auch noch was Kleines unterwegs! Sie Glückspilz! Mir selbst war es ja leider nie vergönnt...« Mit einem Seufzer brach König den intimen Teil des Gesprächs ab. »Auf, auf!« rief Bibi, »fahren wir nach Bonn!« Marquardt nickte sonor: »Ja! Wir müssen sofort nach Bonn, den Kanzler schützen!«

Und in Windeseile bestieg das schnittige Pärchen den Cadillac des Gelehrten und nahm Kurs auf Bonn. Am Bibelrieder Kreuz bahnte sich Marquardt mit Hilfe seiner melodischen Dreiklanghupe den Weg: »Ich weiß nicht, was diese Schnecken auf der Autobahn verloren haben!« dachte er bitter, und einem älteren Herrn, der mit 180 km/h vor ihm herschlich, rief er originell zu: »Sie haben Ihren Führerschein wohl im Lotto gewonnen!«

Das Ende des Schreckens

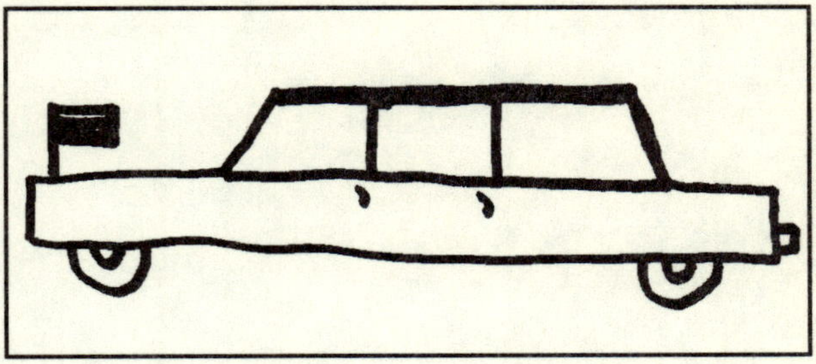

Das Parlament bot einen stinknormalen Anblick; die Abgeordneten saßen in kleinen Arbeitsgruppen zusammen, und immer wieder hörte man Gesprächsfetzen wie »Es hat sich schon mal einer totgemischt!« und »Und den! Und den! Und den!« sowie »Hosen runter, Mischnick!« Es schien also ein ganz durchschnittlicher Arbeitstag zu sein, und nichts deutete darauf hin, daß heute der neue Kanzler vereidigt werden sollte. Bibi weckte einen Hinterbänkler: »Welches ist der neue Kanzler?« frug sie den Betrunkenen, der gerade versuchte, seine Leberwurstsemmel in ein paar Bestechungsunterlagen einzuwickeln. Mit fahriger Geste wies der Bonner Politiker zur Rednertribüne: »Der da! Der so aussieht wie eine Riesenbockwurst!« Düpiert ob dieser Respektlosigkeit schob sich die nunmehr hochschwangere Adelige nach vorne. Ihr Gemahl hatte indes auf der Pressetribüne Platz genommen und beobachtete scharf alle Anwesenden durch ein Teleobjektiv. »Nun!« murmelte er in seiner unnachahmlichen Art, mit der er uns jetzt schon seit Seite 52 auf den Zeiger geht: »Nun! Ich kann keine Gefahr im Verzuge feststellen!« Auch die Baroneß kam zu keiner weiteren Einsicht. Der neue Kanzler stellte noch rasch ein paar Blumenstöcke und Lorbeerbäumchen auf das Podium und wurde sodann hastig vereidigt. »Jaja! Ich chwöre, Chaden apzwentn etc. pp! Ich kanns palt nit mehr hörn!« Dann stimmte die Bundestags-Combo aus unerfindlichen Gründen »O Du schöner Westerwald!« an. Begeistert gingen die Parlamentarier mit: »Eukalyptusbonbon!« schallte es durch das Hohe Haus, und einige Abgeordnete riskierten ein kleines Tänzchen. Die Musik schien auch den Saaldienern in die Beine zu gehen, und sogar die Protokollanten schwangen nun das Tanzbein. Nur einer der Stenografen, ein grell gekleideter Mittvierziger mit dem fahlen, spitzen Gesicht eines Paranoiden, saß abseits und raufte sich in offensichtlicher Erregung das Haupthaar. Doch dies entging der Baroneß, da sie gerade mit dem Kanzler eine kleine Ehrenrunde drehte: »Sie tanzn kanz wuntrpar, Frollein!« rief die Riesenbockwurst ein ums andere Mal.

Als sich die Nacht über die Stadt legte, wurde es ruhig im Parlament. Die Baroneß und ihr Gatte schnappten ein wenig Luft vor dem Hohen Haus: »Meinen Sie, daß auch dieser Kanzler in Gefahr sein könnte?« frug die Baroneß erschöpft. Marquardt beobachtete die letzten Politiker, die aus dem Parlament torkelten und in den Dienstfahrzeugen ihre Chauffeure vollkotzten: »Ich weiß es nicht. Ich weiß nicht mehr weiter. Ich bin völlig überfragt!«

Dunkel und still lag das Haus. All die Nichtsnutze, die Tag für Tag unsere Steuergelder bei üppigen Empfängen, auf luxuriösen Dienstreisen oder in Edelpuffs verplempern, lagen schon schlummernd in ihren unverdienten Dienstwohnungen. Der Kanzler trat als letzter vor die Tür und sperrte das Parlament sorgfältig ab. »Man weiß ja nit, was für ein Ksocks sich hier pei untz rumtreipt!« dachte er fürsorglich. Dann zögerte er noch einen kurzen Moment: »Moment! Hap ich itzt dn Kopierer auskemacht? Und auch die Kaffeemachine?« In diesem Augenblick stürzte sich ein Schatten auf ihn; der Schatten schwang einen langen Gegenstand, mit dem er den Kanzler ganz offensichtlich verletzen wollte. Der Kanzler schrie erschrocken auf, und seine Aktentasche ging zu Boden. Marquardt hatte mit einem Blick die Situation erfaßt: »Rasch, Bibi! Das ist unser Mann!« Und wie verabredet kamen sie dem Kanzler zu Hilfe und nahmen den sich wölfisch wehrenden Schatten in den Schwitzkasten. Die

Baroneß blickte dem – nunmehr durch einen professoralen Fausthieb sedierten – Schuft in die Augen. Es war der paranoide Protokollant. »Warum?« frug Bibi. »Warum nur?« Der Stenograf begann zu weinen. »Sie alle haben immer so undeutlich gesprochen! Ich konnte es nicht länger ertragen! Wissen Sie, was es heißt, jeden Tag solche Worte wie »Fluggdation«, »Gechichte« oder »Bummskanzler« zu protokollieren?« Unerbittlich hinterfrug Marquardt: »Und weil Sie das nicht länger ertragen konnten, töteten Sie die Kanzler, indem Sie ihnen sardonisch einen großen Bleistift ins Herz trieben?« Versonnen wog der Gelehrte die Tatwaffe in der Hand: »Nun, ich denke, dies ist eine Maßanfertigung. So große Bleistifte gibt es selten!« Bibi fuhr fort: »Und als Sie hörten, daß wir uns des Falles angenommen hatten, waren Sie uns immer einen Schritt voraus, töteten unsere Zeugen!«

Noch lange war das verzweifelte Weinen des Protokollanten zu hören, als er von der Parlamentspolizei abgeführt und ordnungsgemäß mit Handschellen an einen Heizkörper gefesselt wurde.

Die Baroneß und der Professor fuhren nach Hause und saßen noch lange im verkommenen *Chez Luigi's*, dort, wo ihre Odyssee begonnen hatte. »Es waren symbolische Kanzlermorde. Man hätte schon früher darauf kommen können!« sinnierte der Pathologe. Selbst die sonst so quirlige Baroneß war in besinnlicher Stimmung: »Aber es war nicht zuletzt auch der Aufschrei eines gequälten Arbeitnehmers!« Und versonnen knabberten unsere beiden Helden an dem lauwarmen Bifteki.

Hand in Hand schlenderte das adelige Pack durch den Park ihrer exklusiven Wohnanlage. Der Schein des Mondes legte sich sanft auf ihre ~~zu Fratzen verzerrten~~ edlen Mienen, und der Professor schloß Bibi ~~in den Keller ein~~ in seine muskulösen Arme: »Ist es nicht herrlich? Wir sind gesund, wir sind steinreich, wir sehen gut aus – manchmal kann ich mir gar nicht vorstellen, daß es Menschen gibt, die nicht ein so großes Glück wie wir haben, die arm und krank sind!« Die Baroneß strich sich versonnen über die Ärmel ihres schicken Umstandsnerzes: »Ja, ich glaube, ich werde morgen etwas spenden!« Und – wie um diesen Entschluß noch einmal zu untermauern – sie rief mit fester Stimme bestätigend aus: »Ja, gleich morgen bringe ich mein Silberlamé-Cape zum Roten Kreuz!« Der Professor betrachtete bewundernd seine kleine Frau: »Sie ist großherzig, hilft gerne anderen!« dachte er ein letztes Mal in der uns inzwischen sattsam bekannten Syntax (elliptisch).

FINIS